Tour de France

Gwen Berwick and Sydney Thorne

Hodder & Stoughton
A MEMBER OF THE HODDER HEADLINE GROUP

Acknowledgements
Cover photo: AP Photo/Jacques Brinon
Photos: pp5, 13, 16 © AP Photo/Laurent Rebours
p8 © AP Photo/Peter Dejong
p24 © Allsport/Hulton-Deutsch/Getty Images
p21 © Allsport UK/Allsport/Getty Images

Orders: please contact Bookpoint Ltd, 130 Milton Park, Abingdon, Oxon OX14 4SB. Telephone: (44) 01235 827720, Fax: (44) 01235 400454. Lines are open from 9.00–6.00, Monday to Saturday, with a 24 hour message answering service. You can also order through our website www.hodderheadline.co.uk

British Library Cataloguing in Publication Data
A catalogue record for this title is available from The British Library

ISBN 0 340 858559

First published 2003
Impression number   10 9 8 7 6 5 4 3 2 1
Year   2006 2005 2004 2003

Copyright © 2003 Gwen Berwick and Sydney Thorne

All rights reserved. No part of this publication may be reproduced or transmitted in any form or by any means, electronic or mechanical, including photocopy, recording, or any information storage and retrieval system, without permission in writing from the publisher or under licence from the Copyright Licensing Agency Limited. Further details of such licences (for reprographic reproduction) may be obtained from the Copyright Licensing Agency Limited, of 90 Tottenham Court Road, London W1T 4LP.

Typeset by Fakenham Photosetting Ltd, Fakenham, Norfolk.
Printed in Great Britain for Hodder & Stoughton Educational, 338 Euston Road, London NW1 3BH by Hobbs the Printers, Totton, Hampshire.

Table des matières

Page

1. Introduction — *1*
2. L'organisation et les finances — *2*
3. Les équipes — *4*
4. L'itinéraire et les maillots — *7*
5. Vingt secondes de drame — *10*
6. Le problème du dopage — *14*
7. Le duel Lemond / Fignon — *19*
8. Infos, légendes, records . . . — *22*

What do you know about the Tour de France?

- Which cyclist wears the famous yellow jersey?
- Who are some of the legendary names in this competition?
- How did a drugs scandal lead to the reform of the competition?

read on . . .

1. Introduction

C'est le troisième événement sportif du monde
après les jeux Olympiques
et la Coupe du Monde de football.

Mais, contrairement aux jeux Olympiques
et à la Coupe du Monde,
il y a un Tour chaque année.

Chaque année, cet événement fascine
environ douze millions de spectateurs
sur les bords des routes.
En addition, environ un milliard et demi
de téléspectateurs regardent le spectacle
à la télévision.

C'est la course cycliste la plus célèbre
et la plus importante du monde:
le Tour de France.

Petit dictionnaire: voir page 27

un événement   chaque   environ   milliard   la course   célèbre

2. L'organisation et les finances

Le premier Tour de France
a été organisé en 1903.
Il existe un Tour de France féminin
depuis 1984.

Le Tour de France dure trois semaines
au mois de juillet.
Il est long de 3000 à 4000 kilomètres.

Chaque jour (à l'exception des jours de repos)
il y a une nouvelle étape.
La performance des cyclistes (les 'coureurs')
est chronométrée à chaque étape.

Il y a des prix
d'une valeur d'environ 2 500 000 euros
pour les équipes et les coureurs.

Petit dictionnaire: voir page 27

le repos   une étape   les coureurs

Les organisateurs du Tour de France
sont financés par des sponsors
et par la publicité.

Ils organisent, par exemple,
la 'caravane publicitaire':
ce sont les véhicules qui précèdent les coureurs,
et qui font de la publicité pour toutes sortes de
firmes et de produits.
La caravane est une grande source de profits.

la publicité   qui   toutes

3. Les équipes

Les coureurs sont organisés par équipes.
Il y a neuf coureurs dans chaque équipe.

Chose curieuse:
les équipes ne sont pas nationales,
mais organisées par les sponsors.
Par exemple,
il y a l'équipe U.S. Postal Service,
l'équipe Deutsche Telekom,
l'équipe Rabobank, etc –
et dans une équipe il y a des coureurs
de différentes nationalités.

Chaque équipe a un 'chef de file':
c'est le meilleur coureur de l'équipe.
Le rôle des autres coureurs:
aider le chef de file –
au prix, parfois, de sacrifices personnels.

une équipe   le meilleur   parfois

Les coureurs du Tour de France.

Exemple légendaire d'un sacrifice personnel:
dans une étape du Tour de France en 1933,
un coureur nommé René Vietto
était en tête.
Mais, après un accident, son chef de file,
Antonin Magne, a eu besoin d'une roue.

Vietto a donné une de ses roues
à son chef de file –
et a perdu sa chance de gagner l'étape.

en tête   a eu besoin de   une roue   il a perdu

4. L'itinéraire et les maillots

Le Tour de France 2002 a commencé...
au Luxembourg!
Et le troisième jour, les coureurs sont arrivés...
en Allemagne!

Et ça s'appelle le Tour de *France*??

Oui, par tradition, le Tour de France visite
généralement un ou deux pays voisins:
la Belgique, ou l'Espagne, ou l'Italie,
même l'Angleterre et l'Irlande.

(Non – les coureurs ne traversent pas
la mer à vélo! Ils prennent le train, l'avion
ou le bateau.)

L'itinéraire du Tour est différent chaque année.
Mais il y a toujours des étapes de montagnes
dans les Alpes et les Pyrénées.

Et le Tour finit toujours à Paris.

les maillots   voisins   même   toujours

Lance Armstrong avec le maillot jaune.

Trois des coureurs portent des maillots spéciaux:

Le maillot à pois:
Le coureur qui est le premier du classement de la montagne porte un maillot blanc à pois rouges.

Le maillot vert:
Le meilleur sprinter porte un maillot vert.

Le maillot jaune:
Depuis 1919, le coureur qui a le temps le plus rapide porte le célèbre maillot jaune.

Le vainqueur du Tour n'est pas nécessairement le coureur qui gagne l'étape finale.

Le vainqueur est le coureur avec le temps le plus rapide pour toute la compétition.

à pois   le classement   le vainqueur   gagne   le temps

5. Vingt secondes de drame

Tu es dans un petit village en France.
Normalement, la vie est calme,
même ennuyeuse.
Il y a peu de voitures et peu de gens dans la rue.
Il n'y a pas de touristes, pas de gendarmes,
et il n'y a rien pour les jeunes.

Mais aujourd'hui – nous sommes en juillet –
le village est transformé!

La grande rue est barrée.
Des deux côtés de la rue, derrière des barrières,
il y a des centaines de spectateurs:
tu vois tous les habitants du village,
les habitants de tous les villages de la région,
et une douzaine de gendarmes.

C'est comme une fête:
tout le monde est de bonne humeur,
il y a de la musique, et on vend des glaces, des
frites et des boissons fraîches.

peu de   gendarmes   barrée   des centaines de   on vend

Soudain, les haut-parleurs annoncent
la 'caravane publicitaire',
et les véhicules publicitaires
montent la rue du village.

Le grand moment approche...
Les enfants montent sur les épaules
de leurs parents. Les spectateurs sortent
leurs appareils photo et leurs caméscopes.
Ils avancent un peu pour mieux voir.

Attention: les voilà!
D'abord, les voitures avec les médecins,
les organisateurs, et les journalistes.
Puis les voitures de la télévision.
Et – directement derrière eux – les trois premiers
coureurs!

les épaules   sortent   caméscopes   mieux   d'abord   derrière eux

Les spectateurs crient les noms
de leurs coureurs favoris,
et les coureurs montent la rue du village.

Il y a de plus en plus de coureurs: ils passent
vite, et il est difficile de les reconnaître.
Et voilà le 'peloton': quarante ou cinquante
coureurs qui avancent en groupe.
Les derniers coureurs approchent...
et, en quelques secondes seulement,
c'est fini.

Les enfants descendent des épaules de leurs
parents, et les spectateurs se relaxent
dans les cafés du village.

Ils discutent des coureurs,
ils savourent les passions des vingt secondes de
drame,
et ils regardent la continuation de l'étape
à la télé.

vite   reconnaître   quelques   seulement

Le Tour passe . . .

6. Le problème du dopage

Le Tour de France a souvent été
un événement controversé.

En 1904 déjà –
un an seulement après la création du Tour! –
quatre coureurs ont été disqualifiés pour fraude!

Mais le plus grand problème a toujours été le
problème du dopage.

En 1966, à Bordeaux, les médecins ont fait des
examens d'urine pour la première fois.
Beaucoup de coureurs ont protesté: « C'est une
violation de notre liberté personnelle! »

Et le lendemain, pour protester,
les coureurs sont descendus de leurs vélos
et ont fait cent mètres à pied!

En 1967 – désastre!
Le coureur britannique, Tom Simpson,
est tombé de son vélo à trois kilomètres
du sommet du Mont-Ventoux.
On l'a transporté à l'hôpital par hélicoptère,
mais il est mort d'une crise cardiaque.

L'autopsie a révélé des traces d'amphétamines.

souvent   le dopage   le lendemain   pour   est tombé   il est mort

Le problème du dopage a dominé
le Tour de 1998:

8 juillet 1998:
On trouve des anabolisants et d'autres produits
dopants dans la voiture de Willy Voet,
un masseur de l'équipe Festina.
Un agent déclare: Voet avait des amphétamines
sous ses vêtements – même dans son slip.

11 juillet:
Le Tour de France commence, en Irlande.

15 juillet:
Bruno Roussel, le directeur de l'équipe Festina,
est détenu par la police.

17 juillet:
L'équipe Festina est disqualifiée.
Les coureurs Festina protestent: c'est injuste,
parce que d'autres équipes se droguent aussi.
Willy Voet déclare:
le dopage existe depuis 1993!
Les rumeurs parlent de l'équipe TVM.

on trouve   masseur   sous   slip   est détenu   d'autres

Bruno Roussel est détenu par la police.

29 juillet:
– La police interroge Massi, de l'équipe Casino,
et Terrados, de l'équipe ONCE.
– Trois équipes abandonnent le Tour.
– Les coureurs qui restent dans le Tour protestent:
« La compétition est impossible avec toutes ces
rumeurs! Nous ne sommes pas tous des criminels! »
Ils interrompent l'étape, et les organisateurs sont
obligés d'annuler l'étape!

30 juillet:
D'autres équipes abandonnent le Tour.
A la fin, quand Marco Pantani gagne le Tour,
il ne reste que 14 des 21 équipes d'origine!

Août / septembre:
Les organisateurs examinent les activités des
équipes Festina, Casino et ONCE.
Le directeur, le médecin et le masseur de
l'équipe TVM vont en prison pour dopage.

interroge   ils interrompent   annuler   ne ... que

Octobre / novembre:
L'affaire devient encore plus compliquée!

Roussel accuse la fédération française de cyclisme (la FFC) qui organise le Tour, d'être responsable, elle aussi!
« La fédération, dit Roussel, tolérait le dopage. »

Conséquences de l'affaire?

1) La réforme de l'organisation du Tour,
2) La clarification des lois françaises contre le dopage,
3) La publication de nouvelles mesures contre le dopage dans les sports cyclistes.

devient   tolérait   des lois   contre

7. Le duel Lemond / Fignon

En 1989, le Tour produit un des duels les plus
célèbres de son histoire:
l'américain Greg Lemond (vainqueur 1986)
contre le français Laurent Fignon (vainqueur
1983 et 1984).

Entre Dinard et Rennes, en Bretagne,
une vitesse moyenne fantastique de 44,602 km/h*
permet à Lemond de gagner le maillot jaune,
avec 5 secondes d'avance sur Fignon.

Fignon contre-attaque dans les Pyrénées.
Dans les derniers 1500 mètres de la journée,
Fignon accélère et gagne la victoire.
Maillot jaune pour Fignon, avec 7 secondes
d'avance sur Lemond.

Lemond renverse la situation dans les Alpes.
Après l'étape du col d'Izoard
(le col le plus haut du Tour),
Lemond regagne le maillot jaune
avec 53 secondes d'avance sur Fignon.

* 44,602 km/h en français = 44.602 km/h en anglais.

une vitesse   moyenne   renverse   col

Mais le lendemain,
Fignon attaque à trois kilomètres du sommet
final. C'est le maillot jaune pour Fignon,
avec 26 secondes d'avance sur Lemond!

Dans les étapes suivantes, l'avance de Fignon
sur Lemond devient encore plus grande.

La dernière étape, Versailles – Paris,
est sensationnelle.

Au départ, c'est Fignon qui porte
le maillot jaune
avec une avance de 50 secondes sur Lemond.
Mais le coureur français souffre depuis deux
jours d'une inflammation.

Cette fois – grande exception –
c'est la dernière étape qui décide le vainqueur
du Tour!

Et c'est Lemond, avec un dynamisme
extraordinaire, qui gagne l'étape,
58 secondes avant Fignon!

Lemond gagne donc le Tour avec 8 secondes sur
Fignon, à la fin d'un Tour de 3257 kilomètres!

suivantes   cette fois   donc

Lemond a gagné, Fignon est numéro 2, à gauche.

8. Infos, légendes, records ...

Le Tour de France le plus court a été le premier,
en 1903: 2248 kilomètres de long.
Et le plus long? Le Tour de 1926: 5745 km!

****

Les seules années depuis 1903 sans Tour de
France?
Les années de 1915 à 1918, et de 1940 à 1946.
La raison est évidente!

****

La caravane publicitaire date de 1930.
Une des premières firmes
qui a exploité le Tour de France pour la publicité
était le chocolatier Meunier.
Un camion de la compagnie Meunier
a distribué des tonnes de chocolat aux
spectateurs!
Au sommet des montagnes,
où il peut faire froid même en juillet,
Meunier a distribué du chocolat chaud aux
spectateurs – et aux coureurs aussi!

****

seules   sans   un camion   où

Les grammes sont importants en montagne!
Oui, les *grammes*!

Exemple No 1: en montagne, les coureurs
utilisent un vélo moins lourd que sur le plat.

Exemple No 2: En 2002, l'équipe de Lance
Armstrong utilise une nouvelle pédale.
Poids de la vieille pédale: 430 grammes.
Poids de la nouvelle pédale: 225 grammes!

****

Le coureur le plus persistent en face de la
malchance?
Sûrement le français, Raymond Poulidor!
Coureur extrêmement capable,
Poulidor a été trois fois deuxième,
et cinq fois troisième.
Mais il n'a jamais remporté la victoire.
Et dans toute sa carrière,
il n'a pas porté le maillot jaune une seule fois!

****

moins lourd   le plat   poids   la malchance   remporter une victoire   une seule fois

Eddy Merckx, une légende du Tour.

Idole de beaucoup de fans,
le Belge Eddy Merckx est considéré comme l'un
des plus grands coureurs de tous les temps.
Il a gagné le Tour de France cinq fois entre 1969
et 1974. Il a porté 96 fois le maillot jaune!

Son record, en 1972, de 49,431 kilomètres* en
une heure n'a jamais été battu.

Pour sa motivation intense, Merckx a gagné
le surnom de 'Cannibale'.

****

Entre 1991 et 1995 –
et pour la première fois dans l'histoire du Tour
– l'Espagnol Miguel Indurain
a remporté cinq victoires
en cinq années consécutives.
L'invincible Indurain a gagné le surnom du
'Roi'.

* 49,431 kilomètres en français = 49.431 kilomètres en anglais.

battu   le surnom   roi

La carrière du coureur américain, Lance Armstrong, a bien commencé.
Mais à l'âge de 25 ans, il est allé à l'hôpital, et les médecins ont diagnostiqué un cancer.

Fin de sa carrière de coureur?
Non!
« Je ne suis pas une victime, » a déclaré Armstrong. « Je vais remporter la victoire sur le cancer. »

Il est retourné au Tour de France et il a gagné en 1999...
et en 2000, 2001... et encore en 2002!

fin

Petit dictionnaire

p1	événement *(m)*	event
	chaque	each
	environ	about
	milliard *(m)*	a billion
	course *(f)*	race
	célèbre	famous
p2	repos *(m)*	rest
	étape *(f)*	stage
	coureur *(m)*	racing cyclist
p3	publicité *(f)*	advertising
	qui	who, which
	tout, toute, tous, toutes	all
p4	équipe *(f)*	team
	le meilleur	the best
	parfois	sometimes
p6	en tête	ahead
	avoir besoin de	to need
	roue *(f)*	wheel
	perdre	to lose
	(il a perdu)	(he lost)
p7	maillot *(m)*	jersey
	voisin(e)	neighbouring
	même	even
	toujours	always
p9	à pois	dotted
	classement *(m)*	ranking
	vainqueur *(m)*	winner
	gagner	to win, to earn
	temps *(m)*	time
p10	peu de	few
	gendarme *(m)*	policeman
	barré(e)	closed
	des centaines de	hundreds of
	vendre	to sell
	(on vend)	(people sell)
p11	épaule *(f)*	shoulder
	sortir	to take out
	caméscope *(m)*	camcorder
	mieux	better
	d'abord	first of all
	derrière eux	behind them
p12	vite	fast, quickly
	reconnaître	to recognise
	quelques	some, a few
	seulement	only

27

p14	souvent		often
	dopage *(m)*		doping, drug-taking
	le lendemain		the next day
	pour		for, in order to
	tomber		to fall
	mourir		to die
	(il est mort)		(he died)
p15	trouver		to find
	masseur *(m)*		masseur, person who gives a massage
	sous		under
	slip *(m)*		underpants
	détenir		to detain
	d'autres		other
p17	interroger		to interrogate, question
	interrompre		to interrupt
	annuler		to cancel
	ne … que		only
p18	devenir		to become
	tolérer (tolérait)		to tolerate (tolerated)
	loi *(f)*		law
	contre		against
p19	vitesse *(f)*		speed
	moyen(ne)		average
	renverser		to reverse
	col *(m)*		mountain pass
p20	suivant(e)		following
	cette fois		this time
	donc		so
p22	seul(e)		only
	sans		without
	camion *(m)*		lorry
	où		where
p23	moins lourd(e)		less heavy
	le plat		the flat country
	poids *(m)*		weight
	malchance *(f)*		bad luck
	remporter une victoire		to win a victory
	une seule fois		a single time
p25	battu(e)		beaten
	surnom *(m)*		nickname
	roi *(m)*		king
p26	fin *(f)*		end